AF287932

Gerhard Vilmar

Waldorfschule

Zwischen Wunsch und Wirklichkeit – eine
organisationspsychologische Betrachtung

Herstellung: BoD - Books on Demand GmbH, Norderstedt
ISBN: 978-3-8482-1226-2

Juli 2012

Umschlagfotos:
Goetheanum in Dornach, Aufgang zum Saal
Trafohaus in Dornach nach einem Entwurf von Rudolf Steiner

Das Buch erschien erstmals im Juli 2012 unter dem Titel
„Waldorfsalat – Zur Psychologie der Waldorfschulen"

Bibliografische Information der Deutschen Bibliothek: Die Deutsche Bibliothek verzeichnet diese Publikation in der Deutschen Nationalbibliografie;
detaillierte bibliografische Daten sind im Internet unter http:/dnb.ddb.de
abrufbar.

Inhalt

Institutionen sind die verlängerten Schatten einzelner Menschen.
Ralph Waldo Emerson

Vorwort

Jede Waldorfschule ist ein Kosmos für sich. Vergleiche sind nur sehr eingeschränkt möglich. Und natürlich gibt es Waldorfschulen, in denen Offenheit, Neugier, Experimentierfreude und Veränderungsbereitschaft gelebt werden, in denen, ganz so wie es Rudolf Steiner forderte, Reformen nicht zu Dogmen erstarrt sind. Dort ist der Blick über den Zaun nicht nur erlaubt sondern sogar erwünscht. Doch im Alltag zeigen sich Waldorfschulen oftmals eher resignativ, überlastet, chaotisch - nicht zuletzt ein Grund für die sehr kontroverse Rezeption und polarisierende Diskussion der Waldorfpädagogik in der Öffentlichkeit.

Die persönliche Erfahrung als Waldorfvater, in verschiedenen Gremien einer Waldorfschule, insbesondere im Elternrat und Vertrauenskreis, die Beratungs- und therapeutische Tätigkeit für Lehrer, Eltern und Schüler, sowie die kontinuierliche Arbeit mit ausgebrannten und mit den strukturellen Defiziten hadernden Waldorflehrern zeigen ein ziemlich übereinstimmendes Bild: ein Konsens der Unzufriedenheit mit einem nicht sonderlich geglückten organisatorischen System.

Es ist nicht so sehr die waldorfpädagogische Idee, sondern vielmehr die als mangelhaft erlebte Realität des schulischen Alltags, die Grundlage der Kritik ist. Aber statt notwendiger Reformen und einer an den Realitäten orientierten Konsolidierung kommt es meist nicht zum Schulterschluss der

5

beteiligten Gruppierungen mit einem mutigen Schritt ins Neue. Diee anstehende Veränderung bleibt eher in den vielen Worten und Beteuerungen stecken oder wird - mal wieder - vertagt.

Dieses Büchlein konzentriert sich jenseits von Anthroposophie und Waldorfpädagogik ganz auf organisationspsychologische und psychodynamische Prozesse. Es wirft einen Blick darauf, wie Menschen in Waldorfschulen miteinander umgehen und wie dieser Umgang und die unbewussten Strebungen notwendige Veränderungen verhindern, um in einer sich deutlich verändernden Schullandschaft dauerhaft Bestand haben zu können.

Es möchte als Anregung verstanden werden, dass Waldorfschulen - ebenso wie jeder einzelne – in der steten Verpflichtung leben, sich selbst kontinuierlich zu reflektieren und den eigenen Weg und das Miteinander mit den aktuellen Erfordernissen abzugleichen, damit Selbstreflexionen zu klaren Handlungen führen können. Waldorfpädagogische Schriften und die Veröffentlichungen zur Inklusion fordern für Schulen den externen Blick der „kritischen Freunde". Denn Veränderung kann dort beginnen, wo ein kritisches Feedback gegeben und ernst genommen wird. Denn die größten Kritiker sind die besten Freunde auf einem Weg von Gleichgültigkeit und Beliebigkeit hin zu einem Denken in Strukturen, Prozessen und Verantwortlichkeiten, auf dessen Boden dann professionelles Handeln möglich ist.

So wird ein Schatz von Vorstellungen geschaffen,
geboren aus dem Bedürfnis, die menschliche Hoffnungslosigkeit erträglicher zu machen.
Sigmund Freud: Die Zukunft einer Illusion (1927)

Grandios !

Es ist ein Sonntag, als Sigismund zur Welt kommt, noch mit
der unverletzten Eihaut, der sogenannten Glückshaube.
Diese beiden Zeichen veranlassen die Hebamme zur Aussa-
ge, seine Mutter habe gerade einen berühmten Mann geboren. Auf seinem Erfolgsweg ändert er seinen Vornamen in
Sigmund, der in seinem Empfinden nicht so jüdisch klingt
und ihm bessere Chancen in den wissenschaftlichen Kreisen
verspricht. Doch nur mit Hilfe seiner ehemaligen Patientin
und Schülerin Marie Bonaparte, Prinzessin von Griechenland
und Dänemark, schafft er es ins britische Exil.

1899, im Alter von 40 Jahren, vollendet Sigmund Freud „Die
Traumdeutung", sein berühmtestes Buch, in dem wir einen
Verweis auf die Umstände seiner Geburt finden: „Sollte mein
Größenwahn aus dieser Quelle stammen?" Die ersten Schrif-
ten zum Unbewussten hatte Freud übrigens schon 1893
veröffentlicht, das Jahr, in dem William Waldorf Astor in
New York an der Stelle seines Vaterhauses das Waldorf
Hotel erbaut. Heute steht dort das Empire State Building.
Vier Jahre später wird gleich daneben das Hotel Astoria von
einem Vetter eröffnet. Der gemeinsame Vorfahre und späte-
re Auswanderer Johann Jakob Astor, 1783 in Walldorf
(Baden) geboren, war durch Pelz- und Chinahandel sowie
Immobilienspekulationen zu einem der reichsten Männer
seiner Zeit geworden. Man hatte also Geld und Einfluss, und
erinnerte sich in der Namensgebung seiner Herkunft.

Doch zurück nach Europa: Emil Molt, auch ein Nachfahre
aus der Familie Astor, gründete in Hamburg und Stuttgart im
Jahre 1906 die Zigarettenfabrik Waldorf-Astoria, die 1919

etwa 1000 Mitarbeiter hatte. Er war im Jahr 1900 mit der Theosophie in Berührung gekommen und bat Rudolf Steiner nach einem Vortrag im April 1919 um eine Schulgründung. Die erste Waldorfschule wurde am 7.9.1919 in Stuttgart eröffnet: in 8 Klassen wurden insgesamt 256 Schüler unterrichtet.

So bekam die Waldorfschule ihren Namen, in dem sich die grandiosen Hoffnungen der Schulgründer wiederfinden. Was aber bedeutet eine solche Mystifizierung für das Selbsterleben? Zumal das unerreichbar hohe Ideal Rudolf Steiners für den Lehrer kaum erfüllbar ist? Hinter einem solchen Grandiositätsdruck bleiben die Lehrer zwangsweise in Unvollkommenheit zurück, und manch einen stürzt das immer wieder erlebbare Scheitern in depressives Selbsterleben. Denn, so beschreibt es schon Sigmund Freud: die Depression ist die Kehrseite der Grandiosität!

Die Zigarettenfabrik Waldorf-Astoria geriet übrigens ab 1925 in zunehmende finanzielle Schwierigkeiten, weil die Produktionsanlagen zu veraltet waren. So musste Emil Molt 1929 an die Konkurrenz verkaufen, welche die Firma umgehend liquidierte.

Darum wenden wir uns am Ende wieder der Psychoanalyse zu, von deren Anfängen Rudolf Steiner schon früh etwas mitbekam. Er war nämlich ab 1884 Hauslehrer in der Familie Ladislaus Specht und konnte immer wieder an Gesprächen teilhaben, die Pauline Specht mit Josef Breuer führte, Mitbegründer der Psychoanalyse und Freund von Sigmund Freud.

Wir schließen mit sehnsuchtsvoller Wehmut und hören das aufrüttelnd-laszive Jazzstück des Bassisten Charles Mingus aus dem Jahr 1940 „All the things you could be by now, if Sigmund Freud's wife was your mother" und hoffen, dass die „Produktionsanlagen" der Waldorfschulen nicht veraltern und geschlossen werden müssen.

Ein Leben ohne Grenzen macht nicht frei sondern
abhängig.
Rainer Funk

Schulterschluss

Kinder brauchen Grenzen? Zu kurz gedacht! Kinder erwarten Grenzen! Wenn Kinder kein konturiertes Gegenüber
finden, werden sie sich mit der Ausbildung ihrer Identität
schwer tun. Voraussetzung ist, dass Eltern und Lehrer von
der freundschaftlichen Kumpelebene zu einer autoritativen
Haltung finden. Wohlgemerkt: autoritativ, nicht autoritär,
denn die offene Kommunikation wird von klaren Standards
und Regeln umrahmt. Die Grundlagen des Zusammenlebens
erfordern eine klare Vorgabe durch die Erziehungspersonen.
Diskussionen dazu sind erst ab einem Alter von ca. 13 Jahren
sinnvoll. Denn wenn die Eltern sich nicht als Eltern zeigen,
können die Kinder nicht Kinder sein.

In einer immer unübersichtlich werdenden Welt suchen
unsere Kinder Klarheit und den Schulterschluss beider
Eltern untereinander bzw. zwischen Eltern und Schule, damit
sie Orientierung finden können. Dieser Schulterschluss ist
das täglich neu anzustrebende Ziel. Je größer die Lücke desto
größer die Unverbindlichkeit und Beliebigkeit im Verhalten
der Kinder, und die Möglichkeit für Verhaltensauffälligkeiten. Gibt es ein Vakuum, so füllen es die Kinder schnell aus.
Denn Kinder verweisen sowohl in Familien als auch in der
Schule mit seismographischer Genauigkeit auf die manchmal
kaum wahrnehmbaren „Erschütterungen" und die mangelnde Geschlossenheit in ihrem Beziehungsumfeld. Mit ihrem
Verhalten deuten sie dabei auf das Unerledigte und Unausge-
sprochene. Damit fordern sie von den Erwachsenen: nehmt
ernst, was wir Euch zu sagen haben; nehmt Euch dieses
Konflikts an; findet eine gemeinsame Lösung.

9

Die Erwachsenen sind in der Pflicht, Struktur und Atmosphäre vorzugeben; sie bieten den Rahmen für Interaktionen. Dabei ist konsequentes Handeln kein Widerspruch zu Liebe, Einfühlung und Verständnis. Man kann vieles verstehen, muss aber nicht alles gut und richtig finden. Auch wer versteht, sollte trotzdem konsequent handeln!

Kinder erwarten klare Grenzen, eindeutige Vereinbarungen und absehbare Konsequenzen. Das gibt ihnen die notwendige Sicherheit und Zuversicht in die Ressourcen des Systems. Wenn verbindliche Absprachen der Elternteile untereinander bzw. zwischen Eltern und Lehrern ausbleiben, dann werden die Kinder mit immer größerer Eskalation ihrer „Verhaltensauffälligkeiten" den notwendigen Schulterschluss einfordern.

Viele Kinder haben schwer erziehbare Eltern.
Jean-Jacques Rousseau

Verständnis statt Struktur ?

Einfühlung und Verständnis bilden eine wichtige Basis für ein gutes Miteinander. Doch wer dabei versäumt, klare Strukturen zu schaffen, eindeutige Regeln aufzuzeigen und auf deren Einhaltung zu achten, gibt den Kindern keinen ausreichenden Halt. Wer bei eindeutigem Fehlverhalten zuerst diskutiert und zu verstehen versucht und erst danach handelt, verwechselt die notwendige Reihenfolge. Kinder wissen genau: wer viel redet, handelt meist nicht mehr.

Eine permissive Erziehungsideologie basiert meist auf der falschen Annahme, dass ein bestimmtes Verhalten der Kinder aufgrund aktueller Probleme oder Entwicklungsphasen unvermeidbar oder entschuldbar ist. Psychologische Einfühlung führt dann eher zu einer pädagogischen Schonhaltung. Aber wer wird geschont? Schonen sich nicht eher Eltern und Lehrer - wenn auch nur kurzfristig?

Wir müssen unsere Kinder fordern und ihnen auch die Chance geben, sich trotz mehr oder weniger verstehbarer Unlust in den unterschiedlichsten Begegnungen bezogen und angemessen zu verhalten. Erziehung ist nicht nur eine (manchmal) lästige Pflicht der Eltern, es ist auch ein Recht unserer Kinder. Kinder wollen die Erwachsenen nicht als Kumpel!

Welche Sichtweise auch immer eingenommen wird, ob es der Blickwinkel von Pubertät als „Krankheit", von schwierigen Zeiten oder von kritischen Entwicklungsphasen ist, keine Erklärung legitimiert mangelhafte soziale Bezogenheit. Auch wir Erwachsenen können problematisches Verhalten nicht dadurch entschuldigen, dass wir vielleicht eine schwierige Kindheit hatten, und daraus das Recht auf Mitgefühl, Schonung oder mangelnde soziale Anpassung ableiten. Für die Aufarbeitung persönlicher Defizite gibt es professionelle Hilfen. Das Leben in einer Gemeinschaft stellt bestimmte Anforderungen an unser Verhalten, denen wir alle, Erwachsene und Kinder, unabhängig von alten Erfahrungen und aktuellen Befindlichkeiten nachkommen müssen. Verständnis darf klare Strukturen nicht ersetzen.

11

Die meisten Menschen verwenden mehr
Zeit und Kraft daran, um die Probleme
herumzureden, als sie anzupacken.
Henry Ford

Einige wenige Worte übers viele Reden

Wir müssen an dieser Stelle einmal übers Reden nachdenken.
Reden ist wichtig und wird in Beziehungen meist vernachläs-
sigt. Denn Paare reden im bundesrepublikanischen Durchschnitt meist nicht mehr als etwa zwei Minuten täglich über
wirklich Persönliches miteinander.

Das ist eigentlich nicht verständlich, denn Menschen spre-
chen üblicherweise dann miteinander, wenn etwas nicht klar
ist. Was uns angesichts der „Parkplatzgespräche", der Email-
flut und der langen Telefonate der Eltern untereinander bzw.
zwischen Eltern und Lehrern der Waldorfschulen darauf
schließen lässt, dass an der Schule vieles nicht klar ist.

Nun stillt das Reden zwar eines der vielleicht intensivsten
menschlichen Bedürfnisse: sich mitzuteilen. Doch leider
verbraucht dies häufig viel Energie, ohne dass daraus trans-
parente und konkrete Handlungen entstehen. Also hat das
Reden oft mehr mit Kosmetik zu tun als mit Veränderung.
Umso bedauerlicher, weil die Forschung deutlich zeigt: lange
Besprechungen ohne Ergebnisse führen zum Burnout-
Syndrom.

Wir finden also eine Situation, die im wesentlichen von zwei
Spielregeln geprägt ist. Regel Nr. 1: Aktion führt zu Reaktion!
Diese wiederum zu einer Reaktion und so weiter. Das Ping-
Pong der aufeinander bezogenen und sich immer weiter
perpetuierenden Kommunikation findet nur schwer ein
Ende. Womit die Spielregel Nr. 2 deutlich wird: keiner
verlässt das Spielfeld!

Denn für die Beendigung des Redens braucht es die Fähigkeit, Dinge unvollkommen und evtl. auch nicht ganz verstanden stehen lassen zu können - und trotzdem eine Entscheidung zu fällen und zu handeln! Oder man hält es mit dem, was Wittgenstein als Stufen der Weiterentwicklung des Menschen ansieht: reden - schreiben – schweigen.

Eine Lösung hatte ich, aber sie passte nicht zu meinem Problem.
Sponti-Spruch

Zum Abbau der Bürokratie fehlen uns einfach die nötigen Beamten.
Karl Farkas

Organisation und Beziehung

Haben wir nicht alle in uns den Wunsch nach einer unkomplizierten und lebendigen Schule? Wäre es nicht schön, die Schule wie eine wunderbare Familie leben zu können, die in Vertrauen und Gemeinsamkeit die anstehenden Aufgaben löst, in einem friedlichen Miteinander mit gegenseitiger Unterstützung und Stärkung? Wäre dies nicht ein guter, wenn auch verspäteter Heilungsversuch für manche mit der Schule zusammenhängenden Enttäuschungen und Verletzungen der Kindheit?

„In den Zeiten als das Wünschen noch geholfen hat...", so beginnt das Märchen vom Froschkönig. Doch die märchenhaften Zeiten sind vorbei, denn „unsere Träume sind wie

Schneeflocken; wenn sie den Boden berühren schmelzen sie"
(Mao Tse Tung). Die Sehnsucht nach „warmen Arbeitsbe-
dingungen, der Wunsch, die Organisation als Großfamilie
wahrzunehmen" (Weigand, 2011) wird immer wieder
enttäuscht. Das Paradies totaler Konfliktfreiheit hat es nie
gegeben.

Die gemeinsame Orientierung, die in Familien schon schwer
gelingt, hat in Organisationen noch weniger Chancen auf
Verwirklichung. Institutionen sind mit Familien nicht vergleichbar, auch wenn vielleicht in den ersten Jahren eine
familiäre Atmosphäre bestand. Die Heile-Welt-Illusion mancher Schulen ist Ausdruck eines neurotischen Organisations-
prinzips. Denn wenn jemand lange in der gleichen Gemeinschaft ist, entstehen zunehmend größer werdende
Bedürfnisse. Aber an der Schule geht es nicht primär um das
Wohl und die Zufriedenheit der Beteiligten, sondern um die
Erfüllung von Aufgaben. Der Familienmythos führt, so zeigt
die Erfahrung, zu einer Kommunikation mit zu wenig Klarheit, Transparenz und Abgrenzung.

In einer sozialromantischen Vorstellung eines vertrauens-
vollen Miteinanders von Gleichgesinnten wird den Primäraufgaben, den Regelungen und Kommunikationsvereinbarungen und den Rollen, die zu deren Erfüllung notwendig
sind, meist zu wenig Aufmerksamkeit geschenkt. Verlässt
man jedoch die Ebene arbeitsbezogener Interaktion, und
sucht sein Heil im emotionalen Miteinander, werden die
Konfliktfelder nicht vermindert sondern verstärkt. Doch
große Gefühle gehören in die Oper!

14

Die Welt entstand, als Atome von ihrer geraden
Bahn abwichen.
Epikur

Die Lehrer müssen die Schule wieder in die Hand
nehmen.
Rudolf Steiner im Oktober 1922 in Stuttgart

Völlig losgelöst schwebt das Raumschiff

Nach dem Studium fuhr ich mit Freunden auf einem polni-
schen Frachter von Hamburg nach Rio de Janeiro, um von
dort aus Südamerika zu bereisen. Abends spielten wir mit
dem Kapitän und dem 1. Maschinisten stundenlang Schach
oder Streitpatience. Trotzdem erreichten wir sicher das Ziel.
Warum?

- Weil Klarheit darüber bestand, welcher Kurs einzu-
  halten ist, um ein festgelegtes Ziel zu erreichen.
- Weil dies entsprechend eindeutig kommuniziert
  wurde.
- Weil die Hierarchien und Weisungsbefugnisse fest-
  standen, jeder seinen genau definierten Platz im
  Team hatte.
- Weil von allen Disziplin und Unterordnung unter
  das gemeinsame Ganze gezeigt wurde - auch von
  den Vorgesetzten.
- Weil nicht persönliche Befindlichkeiten und Wün-
  sche sondern die Übernahme einer Rolle und der
  damit zusammenhängenden Aufgaben im Vordergrund stand.
- Weil nicht Reden sondern Handeln das Schiff auf
  Kurs hielt.

Das Bild des Schiffs lässt sich gut auf eine Schule übertragen.
Doch halt! Hat nicht Rudolf Steiner ganz bewusst die

Selbstverwaltung der Schule durch die Lehrer gefordert?
Nur waren damals die Strukturen klarer, die Schüler anders
und Rudolf Steiner die zur Verfügung stehende Autorität.

Wenn heute in manchen Waldorfschulen ausgeschlossen ist,
dass einige wenige Personen aus dem Kreis des Kollegiums
Leitungsverantwortung übernehmen und damit auch riskie-
ren, sich (vorübergehend) unbeliebt zu machen, dann kann
aus falscher Gleichheit höchstens Mittelmäßigkeit erwachsen.
Dann wird zwar alles angesprochen, aber nicht zielführend
gehandelt, weil zu viele mitreden und dadurch zu wenig in
Strukturen, Prozessen und Verantwortlichkeiten gedacht und
gehandelt werden kann. Außerdem ist es sehr fraglich, ob ein
(von der Größe her) mittelständisches Unternehmen in der
heutigen Zeit überhaupt noch von Laien geführt werden
kann.

Wo sind die Personen, die den Schuldampfer auf Kurs bringen und diesen Kurs halten können, damit den Schülern und
manchen noch wenig erfahrenen Lehrern die Richtung auf-
gezeigt werden kann, die für ihre Entwicklung förderlich ist?
Die Schule ist weder ein Tummelplatz für Drop-out-Schüler,
noch kann sie im Kollegium Rücksicht auf Primadonnen und
Heldentenöre nehmen. Die Grenzen der Individualität
werden dort überschritten, wo die gemeinsame Zielsetzung
auf den Altären der Selbstbezogenheit geopfert wird. Droh-
gebärden auf Teppichbeisserniveau („wenn es nicht so
gemacht wird, wie ich es will, dann werde ich gehen") sollte
mit weit geöffneten Türen geantwortet werden. Eine Institution darf nicht von einzelnen erpressbar sein; nicht von
Schülern, nicht von Eltern, nicht von Mitarbeitern!

Noch einmal zurück zu Rudolf Steiner, der sich bereits wenige Jahre nach Gründung der ersten Waldorfschule mehr
innovatives Denken und Handeln von den Lehrern wünsch-
te: ich habe nirgendwo in seinen Schriften gelesen, dass er
verboten hätte, nach seinem Tod weiterzudenken.

Die Probleme, die es in der Welt gibt,
können nicht mit der gleichen Denkweise
gelöst werden, die sie verursacht haben.
Albert Einstein

Kosmetik am Vulkan

In Zeiten der Krise wenden wir uns hoffnungsvoll den
Dichtern zu. Von Heinrich Böll lesen wir „Es wird etwas
geschehen – eine handlungsstarke Geschichte", die uns aber
leider etwas ratlos zurücklässt. Wir suchen weiter und werden
in den „Kalendergeschichten" fündig, die Bertolt Brecht
(ebenfalls in den 50er Jahren) veröffentlichte. Die Geschichte
„Mühsal der Besten" sei hier in ihrer ganzen Länge wiedergegeben, wirft sie doch einen Blick auf das, wofür es in der
Psychotherapie den umständlichen aber für viele Lebens-
lagen zutreffenden Begriff der „scheiternsfixierten zyklischen
Muster" gibt:

„Woran arbeiten Sie?' wurde Herr K. gefragt. Herr K. ant-
wortete: ‚Ich habe große Mühe, ich bereite meinen nächsten
Irrtum vor.'"

Was wollen uns die Dichter sagen? Wissen sie auch keinen
Rat für Menschen zwischen Nachdenklichkeit und Taten-
drang? Lassen sie uns etwa im Stich, hineingeworfen in ein
irdisches Jammertal? Ist das Spiel wirklich aus, Herr Sartre?
Wir wollen es nicht glauben, denn die Hoffnung stirbt zuletzt. Und finden endlich Ermunterung bei Erich Fried: „Wo
kämen wir hin, wenn jeder sagte: wo kämen wir denn hin!'
und niemand ginge, um zu sehen, wohin wir kämen, wenn
wir gingen."

„Wir bemühen uns nach Kräften", ist häufig in Lehrerkolle-
gien zu hören. Doch manchmal ist ein Bemühen der falsche
Weg. Dann braucht es Mut zur Radikalität. Denn nichts ist
schlimmer als Kosmetik am Vulkan.

Nicht die Vergangenheit sondern die Zukunft bestimmt die Gegenwart
Paul Watzlawick

Vom Loslassen

Ist es nicht merkwürdig, dass die Waldorfpädagogik bzw.
deren gelebte Realität so polarisiert? Während die einen sich
abwenden und oft lautstark mit den unterschiedlichsten
Argumenten ihre Aversion bekunden, halten ihr die anderen
selbst in schwierigsten Zeiten und großer Enttäuschung die
Treue. Während einige enttäuscht und verärgert ihre Kinder
aus der Schule nehmen und sogar juristische Schritte erwä-
gen, sind die anderen treue und verlässliche Helfer, die
blechen, bauen, backen.

Aber was ist beiden gemeinsam? Die Waldorfschule lässt
nicht los! Den allerwenigsten ist sie egal. Dabei ist es nicht
entscheidend, auf welchem Pol man sich befindet – die
Bindung ist so stark, dass sich selbst Eltern, deren Kinder aus
der Schule genommen wurden, weiterhin engagieren oder
anhaltend dagegen wettern.

Mögliche Ursachen für dieses Phänomen:

- die Schule bindet über Schuldgefühle, denn sie
  strengt sich an wie Aschenputtel, aber die
  Anerkennung bleibt oft aus.
- Die Lehrer zeigen meist ein unvergleichliches Engagement; dahinter bleiben die Eltern nicht selten
  auf der Schuldnerseite;
- gleichzeitig gibt es zu viel Einmischung und zu sehr
  eingeforderte Mitspracherechte der Eltern.
- Weil die Lehrer so engagiert sind, werden sie häufig
  sogar vor berechtigter Kritik geschont. Doch dieser

Zehenspitzengang vieler Eltern kann nicht von der Enttäuschungswut über die Unzulänglichkeiten ablenken. Im Sinne einer Verkehrung ins Gegenteil erfolgt jedoch keine Konfrontation mit der Verärgerung sondern der vorherrschende Umgangston ist (zumindest vordergründig) aggressionsgehemmtsanftmütig.

- Ein besonderes Faszinosum ist die Tatsache, dass die Waldorfpädagogik in manchen Aspekten trotz jahrelanger Beschäftigung geheimnsivoll und unverständlich bleibt. Doch es ist schwer, etwas abzuschließen, was sich einem nicht ganz erschlossen hat.
- Eine Gruppennorm schützt, denn das gemeinsam angenommene Weltbild beschwichtigt Selbstzweifel.
- Wer die Schule verlässt, und seien die Gründe noch so nachvollziehbar, aktiviert in den Zurückgebliebenen latente eigene Trennungsgedanken und muss schon deswegen auf Distanz gehalten werden. Doch wer wird schon gerne exkommuniziert?
- Institutionen haben immer auch eine Entlastungsfunktion, besonders im Hinblick auf das Aggressionspotenzial; dies wird über Rituale, Imperative und Einschränkungen erreicht.
- Es finden sich Zeichen für Ausstoßungsprozesse, wie sie besonders für religiöse Gemeinschaften / Sekten zutreffen, in denen Weltbild, Sprache und Lebensweise sehr prägend sind.

Sicherlich gibt es noch viel mehr Aspekte dieser Thematik. Es ist ein multifaktorielles Problem und die Überlegungen ließen sich noch lange fortsetzen. Doch das Erwachsensein bedeutet schließlich auch, dass man Ambivalenzen aushalten kann ohne handlungsunfähig zu werden.

Waldorfschule und Aggression

In einigen Medien wurden im Juli 2007 die Ergebnisse einer
Studie von Prof. Pfeiffer für das Kriminologische For-
schungsinstitut Niedersachsen e.V. zur Gewalt an Schulen
falsch wiedergegeben. Im Rahmen einer großen Befragung
waren auch Waldorfschüler einbezogen worden.

Aus der Richtigstellung des Forschungsinstituts, die auch im
Internet abgerufen werden kann, zwei wichtige Ergebnisse in
Kürze:

- In den Waldorfschulen ist der mit Abstand niedrigste Anteil an fremdenfeindlichen und auch rechtsext-
  remen Schülerinnen und Schülern.

- Bei einfachen Körperverletzungsdelikten zeigen die
  Waldorfschulen im Vergleich aller Schultypen eine
  ähnlich hohe Opferrate wie andere Schulen. Es gibt
  die deutlich niedrigste Rate von Gewalttätern.

„Offenkundig ist es so, dass an Waldorfschulen eine ver-
gleichsweise kleine Gruppe von gewalttätigen Schülern als
Mehrfachtäter von einfachen Körperverletzungen aktiv ist.
Dieser Befund hat uns nicht überrascht. Auffallend ist nämlich, dass Waldorfschüler am häufigsten aus zerrütteten
Familienverhältnissen kommen, d.h. nicht mit beiden Eltern
zusammenleben (36,1 % im Vergleich zum Durchschnitts-
wert aller Schulen von 29,6 %). Unsere Datenanalyse zeigt,
dass es gerade Schüler aus solchen Familien sind, die an den
Schulen besonders häufig mit Gewalttaten auffallen. Umso
bemerkenswerter erscheint es, dass sich zu Waldorfschulen
ein weiterer überaus positiver Befund ergeben hat: dort
beklagen sich Schüler am seltensten über massives verbales

Mobbing durch Mitschüler und auch die Täterrate liegt mit 5,1% weit unter den Vergleichsquoten der anderen Schulen mit durchschnittlich 12,2 %. Dies spricht für ein weitgehend friedliches Schulklima."

In einer Stellungnahme des Bundes der Freien Waldorfschulen zur Studie von Prof. Pfeiffer heißt es: „Durch die an den Schulen intensiv entwickelte Sensibilität für Gewalt, dürften viele Kinder und Jugendliche ihre Erfahrungen etwas anders bewerten als Schüler vieler staatlicher Schulen. Diese These wird durch Ergebnisse der Studie gestützt, nach denen sich Waldorfschüler überdurchschnittlich häufig als Opfer von Gewalt, aber nur selten als Täter empfinden."

Diese Ergebnisse bringen einige interessante Fragen mit sich:

- Welche Sichtweise der Aggressivität hat die Waldorf-Pädagogik und welche Fähigkeiten zur Konfliktlösung lernen dementsprechend die Waldorfschüler?
- Was bedeuten die waldorfimmanenten gesellschaftlichen Haltungen und Prägungen für die Begegnung mit anderen sozialen Gruppierungen, die ähnlich „konform" sind?
- Wie wird innerhalb der Waldorfschulen mit sozialen Unterschieden und gesellschaftlichen Vorurteilen von außen umgegangen?
- Welche Fähigkeiten der Konfliktlösung haben die Waldorflehrer erlernt und wie kann man sie für den individuellen Umgang mit Problemkindern unterstützen?
- Wie kann der Spagat zwischen einem demokratisch orientierten Mitspracherecht mit Anleitung zu Selbstäußerung der Kinder und Individualität einerseits und dem anerkannten pädagogischen Prinzip

andererseits, dass mit Kindern bis 12/13 Jahren um bestimmte Gegebenheiten nicht diskutiert wird, gelingen?

- Warum ist die Trennungs-/Scheidungsrate bei Waldorf-Eltern besonders hoch und wie bilden sich die häufig jahrelangen Trennungsauseinandersetzungen der Eltern und das davon überschattete Familienklima in den Hirnen und Verhaltensweisen dieser Kinder ab?

- Wann kommen die Kinder in die Waldorfschule? Vor, während oder nach der Trennung der Eltern? Welches Selbstverständnis entwickeln Kinder in der Waldorfschule in Zusammenhang mit der gemeinsamen Erfahrung einer signifikant höheren Trennungsrate der Eltern?

Die Suche nach Antworten auf diese Fragen könnte interessante Diskussionen mit sich bringen und dabei helfen, der Schule ein überzeugenderes Profil zu geben.

Es ist falsch zu glauben, dass die Theorie sich auf die Beobachtung aufbaut. Das Gegenteil ist der Fall, die Theorie bestimmt, was wir beobachten können.
Einstein zu Heisenberg 1923 in Kopenhagen

Waldorfsalat

Jede Waldorfschule ist einzigartig, ein Vergleich ist kaum möglich - und alle sind im Umbruch. Nach Pisa-Studien, einer zunehmenden Kritik am staatlichen Schulsystem und dem Wunsch vieler Eltern, ihre Kinder vor dem Leistungsdruck zu schützen, stehen auch die Waldorfschulen vor der Aufgabe, sich den geänderten Bedürfnissen, Forderungen und marktpolitischen Gegebenheiten stärker zu stellen. Sie kommen dieser Notwendigkeit in jeder Schule auf ganz eigene Weise nach, suchen nach Lösungen, tauschen sich untereinander aus, holen sich Experten für eine modernere Wissensvermittlung, bessere Teambildung und neue Organisationsstrukturen.

Welche Auswirkungen hat dieser Umbruch auf die Schulgemeinschaft? Was für eine Atmosphäre ergibt sich dadurch für die Lehrer, Eltern und Schüler? In den Medien und Internetforen finden sich dazu die unterschiedlichsten Meinungen und Erfahrungen. Vergleichbar der Psychoanalyse, deren Begründer Sigmund Freud ein Zeitgenosse Rudolf Steiners war, hat auch die Waldorfpädagogik, und insbesondere die Anthroposophie, stets heftige Reaktionen ausgelöst. Die Palette reicht vom dogmatischen Glaubensbekenntnis bis zur heftigsten Ablehnung und Polemik.

Die **Ambivalenz** der Waldorfschule gegenüber hat wohl weniger mit dem (reform)-pädagogischen Ansatz zu tun, sondern vielmehr mit der Realität an den Schulen. Während nämlich die Waldorfschule von der Geschichte her keine Drop-out-Schule ist, so finden sich dort heute viele „Flüchtlinge" aus dem staatlichen Schulsystem. Hinzu kommt, dass manche Waldorfeltern ihre eigene Schulzeit oft als schlimm erlebten und ihren Kindern ähnliches ersparen wollen. Nur ein ganz geringer Teil der Waldorfeltern wählt die Schule aufgrund der eigenen anthroposophischen Ausrichtung (bei 11,3 % der Eltern ist die Anthroposophie für die Auswahl der Schule ausschlaggebend). Und 46,5 % derjenigen, die der Waldorfpädagogik nahe stehen, distanzieren sich von der Anthroposophie (Barz, 2009).

Es treffen also sehr unterschiedliche und wenig kompatible Elternhäuser zusammen, was sich in teils heftigen Diskussionen an Elternabenden und bei anderen Veranstaltungen entsprechend abbildet. Dieser Zwiespalt geht auch durch das Kollegium: sehr unterschiedliche pädagogische und didaktische Ansätze behindern den notwendigen Schulterschluss, der ein entsprechend konturiertes und einheitliches Auftreten ermöglichen würde.

Da die Waldorfschule aus Gründen der staatlichen Anerkennung auf Lehrer mit zweitem Staatsexamen, besonders in den naturwissenschaftlichen Fächern, angewiesen ist, diese aber nur selten eine waldorfpädagogische Ausrichtung haben, gibt es immer wieder deutliche Interessenkonflikte, Versuche einer friedlichen Klärung und unliebsame Aspekte von Machtausübung, die natürlich auch in den Bereich der Schüler und Eltern überschwappen. Mit zunehmendem Alter der Schulen wird der Prozentsatz der waldorfpädagogisch ausgebildeten Lehrer immer kleiner, nicht zuletzt deswegen, weil offenbar zunehmend weniger Lehrer an einer waldorfpädagogischen Ausbildung Interesse haben. Das mag auch damit zusammenhängen, dass viele neugegründete Schulen für reformpädagogisch Interessierte eine größere Auswahl bedeuten. Die Forderung von Wiechert (2010) nach 75% ausgebildeten Waldorflehrern und einer entsprechenden Nachqualifikation des restlichen Lehrkörpers erscheint deswegen eher illusorisch.

Außerdem braucht die Waldorfschule gerade durch das veränderte Klientel neben der anthroposophischen Weltsicht heute vor allem pädagogische, didaktische und Beziehungskompetenz bei den Lehrern, um sich den besonderen Erfordernissen in der Arbeit mit der jetzigen Schülergeneration und ihren Eltern stellen zu können. Diese Kompetenzen werden offenbar in den Waldorf-Lehrerseminaren nicht oder nur unzureichend gelehrt, so dass etliche Waldorflehrer nach anfänglicher Begeisterung und großem Engagement schnell an ihre psychophysischen Grenzen kommen, sich kraftlos und ausgebrannt fühlen, zunehmend resignieren. So ergibt sich in manchen Schulen ein sich gegenseitig verstärkender Effekt genervter, enttäuschter und ausgebrannter Lehrer, die um die eigene Gesundheit und ihr psychisches Überleben kämpfen. Diese wiederum werden von den materiell und emotional stark engagierten Eltern noch weiter unter Druck gesetzt, eine klare Schulstruktur, ausreichend gute Wissensvermittlung und eine effektive pädagogische Arbeit zu gewährleisten.

Zwar kann jedes System im ganz eigenen Tempo darüber entscheiden, was oder wie viel es an Neuem von außen in sich hineinlässt, nimmt sich aber, wenn es zu langsam geht, die Möglichkeit eines inneren Wachstums und einer adäquaten Reaktion auf die sich schnell wandelnde Außenwelt, aus der ihr Klientel kommt. Für die Schüler bedeutet dies einen Spagat zwischen einer (oft als überholt erlebten) anthroposophischen Weltsicht am Vormittag und einer globalen Welt unbegrenzt erscheinender (virtueller und realer) Möglichkeiten am Nachmittag und Abend. Dass die Beeinflussung eher von den heimischen Welten in die Schule und weniger in die andere Richtung geht, ist verständlich, denn die Zeit zu Hause und in den Weiten der Bildschirmwelten ist etwa doppelt

25

so lang, wie die in der Schule verbrachte Zeit. Steiners Forderung „für alles Weltliche und für alles Menschliche müssen wir als Lehrer Interesse haben" (Steiner, 1919) ist hierfür nur schwer umzusetzen.

Viele **gestresste Lehrer** an Waldorfschulen, die ihrer Überzeugung entsprechend gegen die Übermacht der neuen Medien ankämpfen, erschöpfen sich in der Sisyphusarbeit, verzweifeln und resignieren. Sofern sie ein entsprechendes Lehramtsstudium mit Abschluss vorweisen können, wählen einige den Weg zurück in ein geregelteres staatliches Schulsystem, das dem Lehrer mehr überschaubare Struktur, Macht und Schutz bietet. Andere wiederum kämpfen bis zur Erschöpfung oder inneren Versteinerung, verteufeln die äußeren Welten und entschleunigen sich bis kurz vor den eigenen pädagogischen Stillstand. Von den Waldorfschulabsolventen wird deswegen auch besonders die mangelnde innere Beweglichkeit, Authentizität und Glaubwürdigkeit bei den Lehrern kritisiert (Barz, 2009).

Treffen nun Eltern in der von ihnen bewusst gewählten Waldorfpädagogik auf diese verzweifelten und ausgebrannten Lehrer, die in einer Schulklasse mit intensiven 25-30 Kindern (davon einige sehr individualisiert und/oder wohlstandsverwahrloste und rücksichtslose „me first-Kinder von Edeleltern" - taz) kaum noch eine Überlebenschance haben, so stellt sich schnell Enttäuschung ein. Einzelne Schüler, die den „gesellschaftlichen Virus" in sich tragen – attraktiv, erfolgreich, dominant, selbstbezogen, rücksichtslos – (Bierhoff, 2009) zeigen die deutlichen Merkmale narzisstischer Individuen: Allmacht, Unsterblichkeit, Unverwundbarkeit und ein ausbeuterisch-parasitäres Verhalten.

Die Kinder mit solchen Auffälligkeiten waren im Regelschulsystem schon kaum unterrichtbar und können die Atmosphäre in einer Klasse so nachhaltig stören, dass das Recht der anderen Kinder auf einen störungsfreien Unterricht nicht ausreichend umgesetzt werden kann. Zwar ist der Anspruch der Waldorfschulen an das reparative Handeln hoch, doch können sie meist nicht den erforderlichen Ausgleich für defizitäre Sozialisationserfahrungen bewirken und sind manchmal auch nur Zwischenstationen des Schultourismus problembeladener Familien. Doch die Schule kann nicht Ort der Rettung oder Heilung sein.

An manchen Elternabenden liefern sich Lehrer und Eltern manchmal erbitterte Auseinandersetzungen mit wechselseitigen Schuldzuschreibungen. Oder in Konferenzen des Kollegiums prallen die unterschiedlichsten Sicht- und Vorgehensweisen heftig aufeinander, und häufig findet sich der Anspruch auf den alleinigen Besitz der Wahrheit. Dabei ist persönliche Betroffenheit ein Zeichen für mangelnde Professionalität, und die Wahrheit ist eine individuelle Konstruktion/Fiktion. Sie entsteht im Beobachter, ist also subjektiv.

Nicht selten sind gegenseitige Ausstoßungstendenzen die Folge, die manchmal geradezu die Intensität von Teufelsaustreibungen oder Hexenverbrennungen annehmen können. Eltern zeigen ihre Macht und versuchen Lehrer wie ein unliebsames Fernsehprogramm wegzuzappen. Diese heftigen Kämpfe mit Ausstoßungs- und Austreibungsreaktionen werden natürlich auf dem Rücken aller Schüler ausgetragen. Entweder nehmen dann Eltern ihre Kinder abrupt aus der Schule oder die Schule kündigt den Schulvertrag. Etliche Lehrer werden mit der Belastung nicht mehr fertig und erkranken. Oder sie verlassen die Schule in verhaltenem Zorn und dem Gefühl, einem Mobbing uneinsichtiger Eltern oder Kollegen ausgesetzt zu sein. Dies alles passiert nicht selten völlig abrupt, so dass nicht einmal eine Verabschiedung über alle Differenzen hinweg in gegenseitiger Achtung geschehen kann.

27

Verständlicherweise ist es sehr enttäuschend, wenn die von den Lehrern und Eltern auf die Waldorfpädagogik gerichteten Projektionen davon ausgingen, dass hier bezogene Menschen gemeinsam eine besondere Arbeit verrichten, eine Atmosphäre der Geborgenheit, Verbundenheit und Rücksichtnahme schaffen. Die Broschüren der verschiedenen Schulen, ihre Leitbilder und öffentlichen Auftritte haben häufig anderes gezeigt als das, was wirklich gelebt werden kann. Umso schwerer wiegen dann die zu entdeckenden Begrenztheiten der organisatorischen Strukturen und der beteiligten Menschen, deren Solidarität sich nicht selten in gemeinsamer Resignation erschöpft. Das Scheitern an den **idealistischen Vorstellungen** von sich und den anderen stößt auf eine ernüchternde Realität in einem Befindlichkeitenpool, der oberflächlich betrachtet, sehr von Schonhaltung und Zehenspitzengang geprägt ist, darunter aber eine Menge an (Enttäuschungs-)Wut verbirgt.

Der Mythos von der Vollkommenheit und der systemimmanente Anspruch sind an den Waldorfschulen ausgesprochen hoch. Im Spagat zwischen hohem Erwartungsdruck und niedriger (Selbst)achtung reagieren einige Lehrer mit einer reaktiv depressiv getönten Erschöpfung; es sind immerhin 12,9 % (Barz, 2009). Gerade in einer Zeit fehlender Utopien und einem großen Bedürfnis nach Visionen bleibt ihnen in der Nachfolge einer Lichtgestalt wie Rudolf Steiner eher ein Platz im Schatten. Wer einer solchen, wenn auch immer wieder umstritten wahrgenommenen) Person folgt, wird sich immer wieder winzig erleben müssen.

Die Nachfolge auf den manchmal verschlungenen Wegen des Vorbilds, eine manchmal zu erlebende Hörigkeit und Unterwerfung unter einen Führer bedingt bei manchen – trotz der Teilhabe an der Großartigkeit - eine Überforderung und gelegentlich ein Burnout, weil die Lehrer in der anthroposophischen Sicht nicht nur die Verantwortung für die persönliche Weiterentwicklung und Vervollkommnung haben, sondern auch eine besondere Verantwortung für die Zukunft der Menschheit mittragen. Bei solch einer (Über-)Forderung kann es schnell zu einem Wechsel zwischen Grandiosität und Depression kommen und einer Verzweiflung am unablässig erlebten eigenen Ungenügen, trotz aller Arbeit an sich selbst. Und bei so viel Forderung danach, ein guter Mensch sein zu müssen, kommen manchmal die verdrängten anderen Seiten plötzlich wieder ans Licht, z.B. als Entwertung der Gemeinschaft, subversive Blockade und mit Krankheit kaschierter Arbeitsverweigerung. Oder es finden sich „moral credits" (Monin, 2010): wer viel Gutes zum Wohle anderer tut, leitet daraus manchmal das Recht ab, gegen Normen zu verstoßen. Die innere Bilanzbuchhaltung reagiert schnell.

Gerade das unausgesprochen Fordernde der Schulatmosphä re führt manchmal zur Selbstausbeutung mit masochistischem Einschlag. Eigene Grenzen werden nicht mehr rechtzeitig realisiert, Krankschreibungen sind die Folge. Dann kann aber die dünne Personaldecke der Schulen mit konstantem Lehrermangel dazu führen, dass erheblicher Druck von Seiten des Personalkreises ausgeht. Kranksein wird dann mit indirekten Vorwürfen versehen. So wird der (kranke) Lehrer zum natürlichen Feind der Schule. Die Rache für das Unverständnis und die Vorwurfshaltung ist dann manchmal die open end-Krankschreibung, vorwurfsvolle Antwort an eine Institution, die ihrerseits vorwurfsvoll, ausbeutend und krankmachend erlebt wird.

Sogar im „Überlebenshandbuch für Waldorflehrer" (Schwartz, 2000) findet sich eine Stelle, in der die innere Ausbeutung propagiert wird:
"... überprüfe dein Energieniveau am Freitag nachmittag! Wenn du richtig gearbeitet hast, dann solltest du dich vollkommen ausgelaugt fühlen - du solltest ein Vakuum sein, indem du dein Leben ausgegossen hast die Kinder zu ernähren."

29

So bleibt die Verteilung ungleich, denn die Schüler leben eher die Lust, die Lehrer eher die Askese mit einer hohen Bereitschaft zum Dulden und Leiden - und sehen sich an Elternabenden mit Forderungen mancher Eltern konfrontiert, wie z.b. „Sie lieben die Klasse nicht genug!"Oder: „Sie müssen den Unterricht anders gestalten!" Als gäbe es ein Anrecht auf ein rosafarbenes Förderband bis zum Abitur.

Manche Lehrer sind ohnehin mit ihrem Beruf verheiratet (übrigens eine Forderung von Rudolf Steiner!). Und in der ständig aktiven Schulgemeinschaft verwischen sich die Grenzen zwischen Schülern, Lehrern und Eltern schnell. Die Nähe zu Schülern und Eltern erschwert die Abgrenzung. Beziehungsgestaltung über die Schule und mit der Schule kann zur Sucht werden; ein Leben aus zweiter Hand, das sich vor der Welt verschließt. Und nicht selten kommunizieren Lehrer den Eltern gegenüber ihre Unzufriedenheit mit dem selbst erschaffenen System, Ausdruck des eigenen inneren Drucks, aber eben auch Ausdruck mangelnder professioneller Abgrenzung.

Jedes **Epigonendrama** kennt den Effekt, dass vom charismatischen Führer ein Identifikationssog ausgeht. Doch mit Verstorbenen ist keine Interaktion mehr möglich. So entfallen notwendige Diskussionen und dem zeitlichen Wandel anzupassende Veränderungen, oder finden nur sehr verlangsamt statt. Damit ist auch Ablösung erschwert, weil die „Schüler" selbst nur unzureichend erwachsen werden und dem „Meister" weiterhin eine schier uneingeschränkte Macht zubilligen. Der Gewinn ist andererseits die Teilhabe an der Macht, die von der Identifikation mit dem Großartigen ausgeht. Es fällt Glanz vom erhabenen „Vater" auf die „Kinder".

Aber Kinder können nun einmal nicht Lehrer sein, können nicht in einer erwachsenen und beziehungskompetenten Weise notwendige Organisations- und Entscheidungsstrukturen, Kommunikationsvereinbarungen, Verantwortlichkeiten und Abgrenzungen schaffen. Und Nibelungentreue ist zwar bedingungslos, emotional aber potenziell verhängnisvoll. Denn „Religion" kann schnell zu einer unbeweglichen Amtskirche verkommen, und notwendige emanzipatorische Ansätze und Anpassungsleistungen an gegenwärtige Umweltbedingungen werden dann auf dem Altar alltäglicher Nebenschauplätze geopfert. Die Kehrseite der Idealisierung ist das Steiner-Bashing, das in den Medien immer wieder anzutreffen ist.

Nun haben aber Menschen die Tendenz, die sie umgebende Welt als stabil, sicher und gerecht zu erleben. Auch wenn es sich anders zeigt, wird an gewohnten **Erklärungsmodellen** festgehalten, die nach neueren Erfahrungen oder wissenschaftlichen Erkenntnissen eigentlich nicht länger haltbar sind. Zwar ist die Anthroposophie keine Religion, und ihre Anhänger lehnen es auch ab, sie als eine Weltanschauung zu begreifen, aber das Welterklärungssystem ist dennoch sehr umfassend, und in seiner Komplexität schier unüberschaubar. Doch bietet ein solches Welterklärungsmodell trotz manch unverständlicher Aspekte die Teilhabe und das Aufgehoben sein in einem großen Ganzen, das aber zu wenig Veränderungsspielraum fördert. Dabei machen es Veränderungen im Außen nötig, auch das eigene innere Weltbild entsprechend zu ändern. Je vertrauter nämlich den Menschen etwas ist, desto eher schenken sie dem Glauben.

Die Natur kennt keine Höherentwicklung sondern nur Anpassung. Und wenn es ihr gut geht, dann spielt sie. Aber was die schulische Realität der Waldorfpädagogik angeht, so findet sich wegen des Ernstes der Lage häufig kaum noch

31

Spiel, weil alle Beteiligten den schier unendlich erscheinenden Tagesanforderungen hinterherlaufen müssen. In Anlehnung an eine Diskussion in Umberto Ecos „Der Name der Rose", ob Jesus je gelacht hat, sei darum die Frage erlaubt, ob Rudolf Steiner je gelacht hat und welche Rolle eigentlich dem Humor in der Waldorfpädagogik zugedacht wird. Atmosphärisch ist in den Schulen meist nur eine gelegentliche und maßvolle Heiterkeit zu spüren, der Ernst der Lage bestimmt die Situation.

In diesem Zusammenhang lässt sich eine Verbindung zur Atmosphäre in Steiners Herkunftsfamilie herstellen. Armut, häufige Umzüge und Isolierung bestimmten das Leben. Weder die sehr schweigsame Mutter, noch der meist abwesende Vater standen hinreichend zur Verfügung. Ein taubstummer jüngerer Bruder brauchte besondere Zuwendung. Rudolf Steiner war sehr introvertiert, hatte keine Jugendfreunde, widmete sich mit großem Lerneifer dem schulischen Stoff, vor allem der Geometrie. All dies ist für sein Werk und sicherlich auch für die daraus hervorgegangenen Institutionen prägend.

Die depressiv-zwanghaft anmutenden Aspekte der von ihm initiierten Institutionen (Tendenz zur Entsagung, emotionale Schwere und hoher moralischer Anspruch, Zuwendungswünsche und Schwierigkeiten mit der Abgrenzung, magischanimistische Weltauffassung und großes Bedürfnis nach Kausalitäten), können aus organisationspsychologischer Sicht als Niederschlag der Persönlichkeit Rudolf Steiners verstanden werden.

Auf der Suche nach möglichst guter Absicherung haben Menschen immer den Wunsch, sich die sie umgebende Welt erklären zu können, Vorgänge mit Sinn zu belegen. Sie schaffen dies aber meist nur auf der Basis ihres bisherigen

Erfahrungshorizonts. Die Gegenwart wird immer auf dem Boden der Vorerfahrungen gesehen. Neue Aspekte können nur sehr begrenzt und nur bei häufig wiederholtem Input in uns ihren Niederschlag finden. Wir nehmen außerdem nur wahr, was wir zuvor selbst in die Welt befördert haben. Wir sehen Zusammenhänge in Vorgänge hinein, Muster werden gebildet und mit Sinn belegt. Dies bezeichnen wir als Wahrnehmung!

Aber „Wahrheit ist die Erfindung eines Lügners" (Heinz von Foerster), denn die Realität wird immer durch die Brille der Ideologie betrachtet. Im Sinne einer self-fulfilling prophecy findet sich darum fast immer das, was erwartet wurde. In der Sicht auf die Schüler können also bestimmte Entwicklungsschritte auch dort erkannt werden, wo sie vermutet wurden. Nun schaffen aber Ordnungssysteme zwar Ordnung aber kein Leben. Und sie verunmöglichen, dass Menschen dort abgeholt werden, wo sie sich wirklich gerade befinden.

Das Eintreffen einer „Vorhersage" ist kein Beweis dafür, dass die Überlegungen, die zu dieser Vorhersage führten, auch richtig sind. Gleichzeitigkeit ist keine Ursächlichkeit! Erklärungsmodelle, ob sie nun richtig oder falsch sind, helfen dem Menschen aber dabei, Aspekte, die teilweise bislang unvereinbar nebeneinander standen, miteinander zu verbinden, zu verstehen und zu integrieren. Widersprüche können dadurch (vermeintlich) aufgehoben werden. Aber wer zu sehr im Sinne des Überbaus denkt, wird notwendiges Handeln im Hier und Jetzt möglicherweise vernachlässigen. Dann geht es eher um Konfession als Profession – zum Schaden aller Beteiligten.

Dies alles sollte notwendigerweise immer wieder an Waldorfschulen diskutiert werden, kann aber kaum gelingen, weil die Energien für das Tagesgeschäft meist völlig aufgezehrt werden. Um trotzdem ein einigermaßen gutes psychisches Überleben zu sichern, werden eigene Bedenken und Ambivalenzen gerne nach außen projiziert. Meist trifft es dann die Kritiker der Waldorfschulen, denn sie gefährden die erwünschte Eindeutigkeit des eigenen Fühlens, Handelns und Wollens und den Wunsch vieler nach einem ozeanischen Gefühl des gemeinsamen Gleichklangs. Doch dies ist nur über eine kontinuierliche Beziehungsarbeit möglich, für die leider meist die entsprechende Zeit, die Energien und ein gewisses Maß an Unvoreingenommen sein fehlen.

Notwendige **Auseinandersetzungen** bleiben auch deswegen aus, weil der Umgang untereinander oftmals sehr vorsichtig ist. Konflikte werden meist verzögert und umständlich angesprochen oder aber durch Maulwurfkommunikation „bearbeitet". Oder es kommt zu Schuldzuweisungen statt anstehender Problemlösungen. Konflikte konkretisieren sich immer an Personen, darum ist die Personalisierung von eigentlich strukturellen Problemen und einer mangelhaften Unternehmenskultur häufig. Gelegentliche Ausbrüche einzelner, bis hin zu juristischen Drohungen, überspringen manchmal die sonst eher vorsichtige Zurückhaltung vehement. Es gibt eher eine Bereitschaft zum Dulden und Leiden.

Solche Vorfälle könnten auch damit zusammenhängen, dass in der Waldorfpädagogik die **Individualität** eine so große Rolle spielt. Damit wird aber auch eine Atmosphäre konstruktiver Kritik enorm erschwert. Der Gedanke einer notwendigen und für die Zusammenarbeit förderlichen Teambildung wird zwar zunehmend in der Waldorfpädagogik diskutiert, ist aber an vielen Schulen offenbar noch nicht so recht zur Umsetzung gelangt. Während wissenschaftliche Untersuchungen an staatlichen Schulen zeigen, dass die Geschlossenheit des Lehrerkollegiums statistisch signifikant mit besseren Leistungen der Schüler korreliert, ähnelt das Kollegium an einigen Waldorfschulen eher einer Laienspielgruppe: große (anfängliche) persönliche Einsatzbereitschaft und Begeisterung, aber nachlassendes Engagement, wenn eigene Wege dem gemeinsamen Ganzen zuliebe aufgegeben werden sollen. Dies, obwohl es sicherlich jedem im Sinne eines evolutionsbiologisch sinnvollen und erfolgreichen Prinzips logisch erscheint, dass zum Erreichen bestimmter Ziele von den einzelnen Mitgliedern einer Gruppe kleinere und größere Opfer erbracht werden müssen, um einen Überlebensvorteil für die Gruppe insgesamt zu erreichen. Das Ergebnis sollte jedenfalls über persönlichen Befindlichkeiten stehen, setzt aber ein gewisses Maß an Teamfähigkeit voraus.

Lehrer sind Einzelarbeiter obwohl in ihrem Berufsbild die Teamarbeit und kollegiale Kommunikation einen besonders hohen Stellenwert haben sollte. Nun kann nicht jeder mitreden, nicht jeder Einwand kann bedacht werden, denn je mehr Menschen an einer bestimmten Zielsetzung mitarbeiten, desto schneller sinkt das Niveau. Dennoch sollten Entscheidungen von allen getragen werden, auch durch starke Präsenz, denn „es wirkt auf eine Schulgemeinschaft schwächend, wenn die Kollegen für sich alleine entscheiden, ob sie in der Lage sind, an den Konferenzen teilzunehmen oder nicht" (Wiechert, 2010). Da häufig nicht eindeutig geklärt ist, wie viel bzw. welches Engagement von jedem Mitglied des Kollegiums erwartet wird, was Pflicht und was Kür ist, kommt es manchmal zu einer Art „Meuterei" mancher Lehrer gegen ein als ausbeutend und nicht genügend gratifizierendes System – das aber selbst genau so von allen gemeinsam geschaffen wurde.

Gemeinsame Zielsetzungen werden aber nicht dadurch erreicht, dass man in gemeinsamer Runde miteinander diskutiert, sondern dadurch dass entsprechend gehandelt wird, dass jeder seinen Part übernimmt und ausführt. Klärungsbedarf ergibt sich dann, wenn das als gemeinsam definierte Ziel nicht klar ist. Es ist sinnvoll, die Primäraufgaben, die dafür notwendigen Rollen, Kooperationen und Grenzen kontinuierlich zu reflektieren. Kooperationsbeziehungen und Aufgabenteilung sollten dem individuellen Prinzip vorgezogen werden, zumal lange, ergebnislose Konferenzen ein Hauptauslöser für Burnout-Syndrome sind. Nicht Kuschelstimmung ist gefragt sondern Problemverständnis, Kompetenzsteigerung und konsequentes Handeln. Wer diesen Weg nicht beschreitet, muss sich nicht wundern, wenn die Unentschlossenheit und mangelnde Kontur mit dem Begriff „Schaumstoffpädagoge" belegt wird. Wenn aber Schule heute auch die Aufgabe hat, soziale Beziehungen nicht nur einzuüben sondern auch starke Beziehungen zu erfahren, wenn davon ausgegangen werden kann, dass über die Spiegelneuronen die am Gegenüber erlebten Konturen zur eigenen inneren Struktur werden, dann ist Handeln als konturiertes Gegenüber geboten, damit die Schüler selbst klare Persönlichkeitszüge entwickeln lernen.

Im Hinblick auf die Schüler haben nämlich die mangelnde Auseinandersetzungsbereitschaft und der fehlende Schulterschluss des Kollegiums zur Folge, dass diese sich in die auftuende Lücke hineinbegeben und diese fortlaufend vergrößern. Anschaulich erleben das Eltern in der häuslichen Erziehungswelt, wenn die beiden Elternteile nicht mehr genügend gut miteinander kooperieren. Dann sind den Verhaltensproblemen als Ausdruck einer inneren Orientierungslosigkeit alle Tore geöffnet. Denn Beliebigkeit, Gleichgültigkeit und Unterdruck bzw. Unterforderung führen zu Langeweile, die eher mit Quatschmachen ausgefüllt wird.

Das verweist auf die Notwendigkeit, dass die Eltern das pädagogische Defizit erkennen und so schnell wie möglich wieder kooperieren um den Kindern einen verlässlichen Bezugsrahmen zu bieten. Da der Prozentsatz an Elternhäusern mit Trennung und Scheidung an den Waldorfschulen signifikant über dem Durchschnitt in Deutschland liegt, fallen viele Kinder also gleich doppelt in die gleiche Lücke. Dies dürfte eine deutliche Auswirkungen auf ihre Weltsicht haben und Beziehungsmuster anlegen, die in späteren Partnerschaften (zum eigenen Nachteil) in entsprechenden

Konfliktsituationen schnell wieder getriggert werden können. Auch die Auswirkungen auf die jeweilige Schule sind nicht zu unterschätzen.

Hinzu kommt, dass in der Waldorfpädagogik die Individualität der Lehrer so sehr im Vordergrund steht, dass in der unkommentierten Selbstvergessenheit die persönlichen Verzerrungen und neurotischen Anteile der einzelnen Lehrer ungebremst in der Klassenführung und Unterrichtsgestaltung durchschlagen können. Die ganz persönliche Sicht auf sich selbst und die Welt bestimmen dann unreflektiert und durch keine Intervisions-, Supervisions- oder Balintgruppe relativiert und gespiegelt die Beziehungen zu den Schülern, Eltern und Kollegen. Dabei sollte Supervision gerade nicht von Waldorfsupervisoren erfolgen, da die Gefahr der Betriebsblindheit sehr groß ist. Es sollte das allseits anerkannte Prinzip des Coachings gelten, dass der Coach die Kunst des Nichtwissens beherrscht und deshalb viele offene Fragen stellen kann, die seine Gegenüber dazu anregen, neue und eigene Handlungsalternativen zu entwickeln, in einer Vision hin zu einem sinnvollen Verhalten im Lösungszustand.

Wo aber freimütiges Feedback fehlt und kein Möglichkeitsraum geschaffen wird, um die notwendigen Fertigkeiten zu erwerben, wie man gut miteinander umgehen kann, wie Kooperationen entworfen und verwirklicht werden können, wie jenseits von Neid (als wesentlichstem gesellschaftlichen Faktor) ein Miteinander gestaltet werden kann, wird keine Atmosphäre konstruktiver Kritik geschaffen. Dann kommt es eher zu dem, was in Anlehnung an politische Gruppierungen als negative Steigerung so benannt werden kann: Freunde, Feinde, Kollegen.

Für manche Schüler bedeuten die vielen Jahre mit dem gleichen Klassenlehrer einen enormen Stress, weil sie aus dem Deutungsbereich des Lehrers nicht herauskommen, manch mal auch nicht in eine Parallelklasse wechseln können, weil die Schule einzügig ist. Gerade deswegen hat sich das staatliche Schulsystem dazu entschieden, dass kein Lehrer in der gleichen Klasse mehr als 2 Jahre unterrichtet.

Die manchmal wenig stimmige Chemie zwischen Lehrern und Schülern wird noch weiter erschwert, weil im Verharren bzw. in der Auseinandersetzung mit Erklärungsmodellen auch die Tendenz gefördert wird, die wahrgenommenen Erkenntnisse an anderen zu (be)deuten. Gerade in einer (vermeintlichen) Nähe und in einer Atmosphäre von Bedingtheit und Bedeutung, ist niemand vor einer **Deutung** sicher - zumal Sprache und Sprechstil vieler Waldorflehrer oft besonders betont und damit „bedeutsam" sind.

Hier können wichtige Grenzen kontinuierlich verletzt, werden, denn Deutungen sollten dem professionellen Bereich vorbehalten bleiben und nur auf ausdrücklichen Wunsch des Bedeuteten erfolgen. Feedback ist erwünscht, aber der Rahmen und der Auftrag sollte klar sein. In einem Umfeld mit sehr umfassender Weltsicht und vielen Interpretationsmöglichkeiten ist für alle Beteiligten besondere Vorsicht angesagt, damit Grenzüberschreitungen und Verletzungen vermieden werden.

Es ist Zeichen der selbst ernannten, selbst zuerkannten Deutungshoheit/Deutungsmacht dieser Institution, dass sie für sich den Anspruch und das Recht reklamiert, Bedeutung nicht nur zu wissen sondern sie auch noch äußern zu dürfen. Dass dies das Zusammenleben arg strapazieren und immer wieder Abwertung hervorbringen kann, ist sicherlich verständlich.

Wenn statt Zusammenhalt bei klar gezogenen Grenzen lauter Solisten in einem Orchester sitzen und ihre eigene Melodie spielen, kann kein Konzert gelingen. Das Zusammenspiel ist unmöglich, zumal wenn die Gefühls- oder gar Betroffenheitsebene breiten Raum einnimmt. Auch an Waldorfschulen gibt es notwendige Hierarchien – jenseits aller Forderungen Rudolf Steiners nach der Selbstverwaltung der Schule durch die Lehrer. Doch haben Lehrer im Allgemeinen, und Waldorflehrer im Besonderen, kaum eine Ahnung davon, wie eine Schule erfolgreich geführt werden kann. Das haben sie ja auch nicht gelernt. Aber nicht die mangelnde Ausbildung sondern der Blickwinkel erschwert die Veränderung.

Ausgehend von der Vorstellung, dass jede Schule Führung, Management und Steuerung braucht, gibt es seit kurzem an der Technischen Universität Kaiserslautern den ersten Master-Studiengang für Schulmanagement. Denn die Treppe muss stets von oben nach unten geputzt werden! Auch Lehrer brauchen Führung - gerade an der Waldorfschule. Auch Lehrer unterliegen einer Schulpflicht. Auch Lehrer müssen verlässlich sein und manch einer muss gegebenenfalls eindringlich an seine Präsenzpflicht erinnert werden, oder daran, dass auch sie ihre Hausaufgaben zu machen haben.

Und es gibt noch eine wichtige Komponente: „das Haifischbecken des vorwiegend weiblichen Kollegiums", wie es eine Waldorflehrerin benannte. Auch wenn man bedenkt, dass die Unterschiede zwischen den Geschlechtern geringer sind als die Unterschiede innerhalb der jeweiligen Geschlechtergruppe, so führt die Übermacht der Waldorflehrerinnen doch zu einer besonderen Atmosphäre im Kollegium. Erfahrungen legen die Vermutung nahe, dass einige männliche Waldorflehrer schon von vornherein eine eher nicht ausgeprägt männliche Persönlichkeitsstruktur haben, vielleicht auch deswegen, weil sie (fälschlicherweise?) im Beruf des Waldorflehrers eher das Haltende, Verstehende und Bewahrende sehen, ein Helfersyndrom haben oder den Beruf des (Waldorf-)Lehrers nicht hinreichend als ein „Handwerk" verstehen, das besondere Ansprüche an Kontur, Authentizität, Abgrenzung, Kooperationsfähigkeit und eine pädagogische Professionalität stellt. Gerade in der Pubertätszeit der Schüler wird der Mangel an konturiert männlichen Identifikationsmöglichkeiten in der Waldorfschule daher besonders problematisch.

Im „Überlebenshandbuch für Waldorflehrer" (Schwartz, 2000) findet sich hierzu eine interessante Überlegung: "Wenn Lehrer wirklich mit Ätherkräften arbeiten – wenn sie aus einem lebendigen Impuls heraus unterrichten und nicht von ihren Köpfen her - dann werden Männer eine weichere, empfänglichere, ‚weibliche' Qualität in ihrem Unterrichtsstil haben, während Frauen nüchterner, kraftvoller, ‚männlich' in ihrem Ansatz sein werden."

So kommt es, dass die Männer im Kollegium von ihren eher zupackenden Kolleginnen schnell einmal „kastriert" werden. Nicht zuletzt deswegen ist die Halbwertszeit der Lehrer in manchen Kollegien sehr niedrig. In einer Gesellschaft, in der zugewandte und verfügbare Väter mit einer Bereitschaft zur Auseinandersetzung ohnehin sehr im Verschwinden begriffen sind, hat dies fatale Folgen. So ist verständlich, dass die Jungen auf der Suche nach männlichen Vorbildern immer mehr in die virtuellen Welten abtauchen und dort nach männlichen Idolen suchen, deren Beziehungsgestaltung von Eindeutigkeit und meist großer Aggressivität geprägt ist.

Da Männer in der heutigen Gesellschaft immer noch eher die Hauptverdiener sind, gleichzeitig aber die emotionale und die materielle Vergütung der Waldorflehrer meist sehr karg ausfällt, sind Enttäuschungen bei den Lehrern verständlich. Eltern, die dies nicht wahrhaben wollen, machen sich mitschuldig an der Misere, und werden sich damit abfinden müssen, dass es zunehmend weniger Motivation für den immer anstrengender werdenden Unterricht gibt, also immer weniger Waldorflehrer gefunden werden können.

40

In der inneren Bilanz für ihr **zeitliches und emotionales Investment** einerseits und den Gewinn andererseits, landen Waldorflehrer fast immer auf der Minusseite. Dass dies natürlich, bewusst oder unbewusst, in den alltäglichen Umgang mit Schülern, Eltern und den Kollegen einfließt, dürfte niemanden verwundern. So prägt die Gratifikationskrise den Befindlichkeitspool.

Doch trotz der teilweise miserablen Einkommenssituation fordern Eltern eine hohe fachliche und persönliche Präsenz der Lehrer, nicht zuletzt aus dem Gefühl heraus, dass sie die Arbeitgeber sind. Wenn also auf beiden Seiten das Gefühl eines Minuszeichens in der Bilanz vorherrscht, werden die Forderungen an die jeweils andere Seite umso größer, mit dem Wunsch, sich mehr entlastet und vor allem mehr anerkannt und wertgeschätzt fühlen zu können. Oder es kommt zu einer zunehmenden Verlangsamung, Desinteresse, nachlassendem Engagement. Diese Reaktion ist verständlich als passiv-resignativer Widerstand gegen die konstant erlebte Überforderung. Hinzu kommt, dass die Machtverhältnisse oft nicht klar sind und nicht verstehbar ist, wem die Schule gehört? Diese Unklarheit bringt jede Menge Ärger mit sich.

Manche Waldorfeltern haben in ihrem Wunsch nach Zuwendung, Hilfe und Veränderung jegliches Gefühl dafür verloren, dass es völlig unangebracht ist, Lehrer in den späteren Abendstunden oder gar an den Wochenenden anzurufen. Dies wird durchaus auch andersherum gehandhabt wird und kann wohl kaum als Zeichen eines guten Miteinander betrachtet werden, sondern eher als Ausdruck mangelhafter Abgrenzung, ungenügender Arbeitseinteilung bzw. Überforderung. Und als Ausdruck einer mangelhaften Organisation, in der oft alle wild durcheinander organisieren.

Manche Eltern wollen ihre Positionen im Vorstand, dem Personalkreis oder anderen Gremien dazu nutzen, um einen direkten **Einfluss** auf die Personalsituation, die Finanzen

41

und andere wichtige Themen zu nehmen. Einige Eltern haben, das darf man dabei nicht vergessen, häufig sehr gute und weitreichende Kompetenzen in unterschiedlichen Bereichen, bewähren sich täglich erfolgreich in der Führung von Unternehmen, tragen Personalverantwortung, sind betriebswirtschaftlich fit oder haben lange Erfahrung im Umgang mit Menschen. Diesen Vorsprung behalten sie vor den Waldorflehrern, müssen sich gleichzeitig aber in ihrem Gestaltungswillen immer wieder zurücknehmen, selbst dann, wenn das Schulschiff droht auf ein Riff zu laufen.

Andere Eltern haben zwar nicht solche Kompetenzen, wollen aber trotzdem an diesem Ort der vielen Worte ganz viel mitreden und mitgestalten. Sie verzweifeln, um so enttäuschter, je mehr Einblick sie in die chaotischen Strukturen gewinnen, kämpfen immer verbissener und manche übertreffen dabei sogar noch ihre eigenen Kinder an pubertärem Verhalten: sie sind starken Stimmungsschwankungen unterworfen, haben eine fragile Selbstachtung bei gleichzeitiger Idealisierung der eigenen Person, schwanken schnell zwischen Idealisierung und Entwertung und verlassen die Schule von heute auf morgen aus tiefster Enttäuschung über einzelne Lehrer oder die Organisation an sich.

Wieder andere dulden und leiden, schleichen eher subdepressiv umher - die Belohnung fürs Bravsein! Sie sind mit der Hoffnungslosigkeit eines Teils der Lehrerschaft identifiziert, lassen sich immer wieder in diverse Aufgaben einbinden und sehen keine Möglichkeit für eine Änderung. Auch nicht durch einen Schulwechsel, zumal ihre Kinder manchmal schon verschiedene andere Schulen besucht haben. Der Wechsel auf die staatliche Schule ist häufig wegen der Lerndefizite oder einer deutlicheren Differenzierung in den öffentlichen Schulen kaum möglich oder mit einem erheblichen Aufwand verbunden, um den versäumten Stoff nachzuholen und den Anschluss zu finden. Dann wird resignativ ausgesessen, was eigentlich abgelehnt wird, in der jährlich neuen Hoffnung auf bessere Lehrer oder eine umfassende Reform der Schule. Gelegentliche heftige Attacken auf die Unzulänglichkeiten der Schule oder gezieltes Mobbing und Ausgrenzung einzelner Lehrer ist an der Tagesordnung und in den Parkplatzgesprächen findet „die Macht des Volkes" ihren Ausdruck.

Diese unterschiedlichen Befindlichkeiten, Erwartungen, Aktivitäten und ungeklärten Fragen sehen sich die Lehrer an den Waldorfschulen in deutlich größerem Maße gegenüber als an staatlichen Schulen. Gleichzeitig wird ihnen häufig die entsprechende Kompetenz für die Lösung abgesprochen. Doch nur wer sich ernst genommen fühlt, kann etwas leisten! Es gilt einen Weg zu finden, der mit Wertschätzung, kritischem Feedback und einer an den Aufgaben und der Organisationsstruktur orientierten Vorgehensweise verbunden ist. Eine diffuse und abwartende Hoffnung auf Veränderung hält eher davon ab aktiv zu werden. Rücksichtnahme ist eine sentimentale Lösung!

Allerdings zeigen Beobachtungen, dass erwünschte Veränderungen schnell auf resignativ begründete Kräfte stoßen. Die Innovationsscheu findet ihren Ausdruck dann im sog. Changezynismus mit folgenden inneren Formeln, die notwendige Reformen neutralisieren, wenn nicht gar verunmöglichen oder scheitern lassen: „das wird auch wieder nichts ...", „da haben wir schon ganz anderes probiert, das nichts gebracht hat ....!" So werden schöpferische Impulse neutralisiert, mit „Harmoniesucht und Konfliktscheue" (Handwerk, 2008) zugedeckt und die Institution bleibt im alten Dilemma, obwohl „mindestens ein Drittel des Lehrerkollegiums mit dem Status quo unzufrieden ist." (Handwerk, 2008).

Um hier mehr Klarheit zu erreichen, könnte die Beantwortung der folgenden Fragen hilfreich sein: Was hält das System aufrecht? Welches Verhalten ist für das Fortbestehen des Problems am bedeutendsten? Welche Ängste werden durch die anstehenden Veränderungen aktiviert? Wie äußert sich das Problem? Welche Ursachen stecken dahinter? Welche Hindernisse/Hemmnisse könnte es bezüglich der Veränderung geben? Wie kann die Wahrscheinlichkeit für ein Gelingen erhöht werden?

Zu einer Veränderung gehört aber erst einmal die Einsicht, dass die Beschreibung des Problems wesentlich schwieriger ist als die Entwicklung einer Lösung. Für deren Erreichen kann es sehr sinnvoll sein, die Kritiker von außen ernst zu nehmen, jenseits des eigenen Grandiositätsdrucks, denn wer sich kritisch äußert, dem ist die Situation nicht gleichgültig; er möchte etwas zur Einheitlichkeit der Gruppe beitragen. Und kreative Impulse werden dort ausgelöst, wo die eigenen Denk- und Handlungsweisen von außen gestört werden.

Im Sinne der „lernenden Organisation" (Senge, 2008) muss eine erfolgreiche Organisation äußere Ereignisse als Entwicklungsanreize nutzen und darf sich nicht in Abschottung oder Rückzug begeben. Wandlungsfähigkeit bedeutet nicht Identitätsverlust. Es ergeben sich also folgende zentrale Aufgaben: Kooperation und Konfliktfähigkeit; Belohnung von Engagement; Selbstreflexion; Respekt für alle und Mut, gegen Normen zu denken. Dies alles ist nur in einer beständigen inneren Bewegung mit entsprechenden strukturellen Veränderungs- und Anpassungsleistungen zu schaffen. Problemverständnis führt nicht zur Lösung, sondern Aktivitätssteigerung, Kognitionsänderung und Kompetenzsteigerung. Zu viel und zu lange Hoffnung hält bei notwendigen Veränderungsprozessen nur auf, es braucht Tatkraft, um den Rubikon zu überschreiten. Wer nicht Teil der Lösung wird bleibt Teil des Problems!

Es geht darum Lösungen zu finden, und nicht darum, nach Gründen für die Schwierigkeiten zu suchen.
Arist von Schlippe

Der Lösung ist es egal, woher ein Problem kommt.

Rezept 1:
Veränderungsbereitschaft und Zielorientierung

Dieses Büchlein befasst sich ausschließlich mit den organisationspsychologischen und psychodynamischen Aspekten der Waldorfschule, die als Gesamtschule in vielerlei Hinsicht sehr überzeugende Ansätze bietet, insbesondere bei der Inklusion und individuellen Förderung jenseits von Leistungswahn, Effizienzsteigerung, Wettkampf und Selbstoptimierungsterror. Darin wird sie, zusammen mit den Montessorischulen, (die die deutlichste Übereinstimmung mit aktuellen neurobiologischen Erkenntnissen hat) als gute Alternative zur Regelschule gesehen und geschätzt.

Doch die Konkurrenz wird beständig größer. Das Bildungs- und Schulsystem verändert sich gerade vehement. Kein Tag, an dem nicht in den Medien über neue Erkenntnisse und Veränderungen aus den Bereichen Pädagogik und Lernen berichtet wird. Jede Woche werden in Deutschland zwei neue Schulen eröffnet, die frei von „weltanschaulichen" Sichtweisen sind und gerade unter Einbeziehung neuester Forschungsergebnisse der Neurowissenschaften einen überzeugenden Ansatz dafür bieten, wie aktuelles Wissen in den schulischen Alltag integriert werden kann.

In diesem Umfeld laufen die Waldorfschulen Gefahr, den Anschluss zu verlieren, weil innere Ausrichtung und Management der Schulen nicht klar genug sind, weil „erhebliche strukturelle Mängel" bestehen, worauf Hildegard und Jochen Bußmann schon 1990 hingewiesen haben. Sogar Rudolf Steiner hatte schon 1922, also 3 Jahre nach der Stuttgarter Schulgründung vom Kollegium als einer „schweren Masse" gesprochen. Doch hat sich wenig getan, so dass auch 2007 Rüdiger Iwan die gleiche Symptomatik sieht: „Alles wird angesprochen! Nichts wirklich bearbeitet!" Diskussionsrunden statt Handlung, konferieren statt kooperieren - so sieht die Realität an vielen Waldorfschulen aus.

Die Waldorfschule hat ein „Imageproblem", das ganz besonders mit „Steifheit und mangelnder Beweglichkeit" (Wiechert, 2010) und einer mangelhaften Führungskultur zusammenhängt. Die Wandlungsfähigkeit ist nicht überzeugend und wird durch Strukturen verhindert, die nicht mehr zeitgemäß sind. Hinzu kommt eine oftmals nicht ausreichende pädagogische Professionalität.

Das Rezept für die Behandlung dieser „Krankheit" ist eindeutig und bewährt:

- Verbindliche und transparente Organisations- und Entscheidungsstrukturen
- klare Zielsetzungen und Verantwortlichkeiten,
- eindeutige Absprachen darüber, wie die Rollen zur Erfüllung der Primäraufgaben gestaltet werden
- Umsetzung klarer Kommunikationsvereinbarungen
- adäquate Lösungen für Arbeitsaufgaben
- abgesprochene und eingehaltene Zusammenarbeit und Abgrenzung,
- offener Umgang mit Fehlern / Fehlerkultur
- interner Blick auf sich selbst / Team über Team
- institutionalisierter Außenblick auf die Organisation in Form von Supervision

Wenn dies gelingt, werden nicht mehr Auffassungen sondern klar definierte Aufgaben, Regeln und Umgangsformen im Vordergrund stehen.

Der „genetische Code" des Unternehmens Waldorfschule, der die Mission und Vision für die Zukunft beinhaltet, braucht eine aktuelle Definition und Handlungsbasis, damit klarer wird, welche differenzierten Leistungen erbracht werden müssen und welche Haltungen und Verhaltensweisen dem zugrunde liegen müssen. Sonst kann es auf Dauer zur Existenzfrage werden. Denn die Zeiten eines erfahrungsresistenten Optimismus sind vorbei.

Für den notwendigen Aufbruch ist nicht ein defizitorientierter Blick auf die Entstehung der Probleme sinnvoll, sondern eine Veranderung vom Problembewusstsein zum Lösungsbewusstsein. Die Hinwendung auf den Zustand, der erreicht werden soll, ergibt klare Hinweise auf das notwendige Handeln.

Literatur

Barz, Heiner / Dirk Randoll -Hrsg.- (2009): Absolventen von Waldorf-
Schulen berichten. Verlag für Sozialwissenschaften, Wiesbaden
Bierhoff, Hans-Werner u. Michael Jürgen Herner (2009): Narzissmus – eine
Wiederkehr. Verlag Hans Huber, Bern
Bußmann, Hildegard u. Jochen (1990): Unser Kind geht auf die Waldorf-
schule. Erfahrungen und Ansichten. Rowohlt, Reinbek
Freud, Sigmund (1920): Jenseits des Lustprinzips; S. Fischer, Frankfurt 1970
Freud, Sigmund (1937): Die endliche und die unendliche Analyse; S. Fischer,
Frankfurt 1970
Fürstenau, Peter (1979): Zur Psychoanalyse der Schule als Institution. In:
Zur Theorie psychoanalytischer Praxis. Klett-Cotta, Stuttgart
Handwerk, Norbert (2008): Was ist eine gute Schule? Bundeskongress der
Freien Waldorfsch. zur Schulqualität. Diskussionsstand 6/2008
Hüther, Gerald (2004): Die Macht der inneren Bilder. Wie Visionen Gehirn,
den Menschen und die Welt verändern. Vandenhoeck &
Ruprecht, Göttingen
Iwan, Rüdiger (2007): Die neue Waldorfschule. Ein Erfolgsmodell wird
renoviert. Rowohlt, Reinbek
Kleinau-Metzler, Doris - Hrsg. (2000): Die Zukunft der Waldorfschule.
Perspektiven zwischen Tradition und neuen Wegen. Rowohlt,
Reinbek
Lohmer, Mathias (2000): Psychodynamische Organisationsberatung. Kon-
flikte u. Potentiale in Veränderungsprozessen. Klett-Cotta, Stgt.
Monin, Benoit (2010): Moral Self-Licensing: When Beeing Good Frees Us
To Be Bad. Social and Personality Psychology Compass; Vol. 4,
Issue 5, 344-357
Schaarschmidt, Uwe (2010): Beruf mit Risiko. Gehirn & Geist 11/2010;
Spektrum der Wissenschaft, Heidelberg
Schlippe, Arist v. und Haim Omer (2006): Autorität durch Beziehung.
Die Praxis des gewaltlosen Widerstands in der Erziehung.
Vandenhoeck & Ruprecht, Göttingen
Schlippe, Arist v. und Jochen Schweitzer (2007): Lehrbuch der systemischen
Therapie und Beratung. Vandenhoeck & Ruprecht, Göttingen
Schwarz, Eugene (2001): Überlebenshandbuch für Waldorflehrer.
Maro-Verlag, Augsburg
Senge, Peter M (1996): Die fünfte Disziplin. Kunst und Praxis der lernenden
Organisation. Klett-Cotta, Stuttgart
Steiner, Rudolf (1919): Erziehungskunst. GA 294. R. Steiner Vrlag, Dornach
Steiner, Rudolf (1922): Konferenz mit den Lehrern an der Freien Waldorf-
schule in Stuttgart. Rudolf Steiner Verlag, Dornach
Vilmar, Gerhard (2011): Beziehungsschule. BoD, Norderstedt
Weigand, Wolfgang (2011): Organisation verstehen. Supervision 1.2011,
Beltz, Weinheim
Wiechert, Christof (2010): Lust aufs Lehrersein? Eine Ermunterung zum
(Waldorf)-Lehrerberuf. Verlag im Goetheanum, Dornach

Rezept 2: Waldorfsalat

Das Rezept stammt von dem Schweizer Oscar Tschirk, Oberkellner im Hotel Waldorf, dem Vorläufer des Hotels Waldorf-Astoria. Er veröffentlichte es 1896 in seinem Kochbuch „The Cook Book by Oscar of the Waldorf".

Für das Originalrezept wurden nur Äpfel, Sellerie und reichlich Mayonnaise verwendet. Seither gibt es viele Abwandlungen – damit ist der Waldorfsalat so vielgestaltig wie die Waldorfschulen.

Eine der möglichen Varianten:

250 g   säuerliche Äpfel
250 g   roher Knollensellerie, zu Julienne geschnitten
100 g   fein gehackte Walnüsse
100 g   Mayonnaise; evtl. auch etwas Schlagsahne, Joghurt
          oder Creme fraiche
Salz
evtl. 2 EL Zitronensaft

Ergänzt wird der Waldorfsalat manchmal durch Hähnchenbruststreifen, Räucherfisch oder Bündnerfleisch. Auch Ananas, Mandarinen, Trauben und andere Früchte werden verwendet. Bei den Gewürzen finden sich Empfehlungen für Cayennepfeffer und Curry.

Vor dem Servieren ca. 2 Stunden an einem kühlen Ort durchziehen lassen.

Hinweise

Aus Gründen der besseren Lesbarkeit verwende ich meist die männliche Form der Berufsbezeichnungen. Selbstverständlich sind stets beide Geschlechter gemeint.

Einige der hier versammelten Artikel wurden in etwas anderer Fassung im Jahr 2009 im „Mühlradl" veröffentlicht, Schulzeitschrift der Freien Waldorfschule Rosenheim. Drei Artikel (Schulterschluss, Verständnis statt Struktur, Kosmetik am Vulkan) erschienen in dem Büchlein „Beziehungsschule" (2011). Alle anderen Artikel wurden speziell für dieses Büchlein geschrieben.

Dank

Ich möchte mich bei den Studierenden an der Pädagogischen Fakultät der Universität Innsbruck, den Mitgliedern im Vertrauenskreis der Freien Waldorfschule Rosenheim und allen LehrerInnen und KollegInnen bedanken, die Anregungen und Hilfen gaben, den Blickwinkel zu erweitern oder zu fokussieren. Besonderer Dank gilt meiner Familie, die mir den Möglichkeitsraum gab, dieses Büchlein zu schreiben.

Autor

Dr. Gerhard Vilmar arbeitete nach dem Medizinstudium in verschiedenen Institutionen der Psychosomatik, Kinder- und Jugendpsychiatrie und Erziehungsberatung. Weiterbildung zum Psychoanalytiker, tätig als Therapeut, Supervisor, Lehrtherapeut, Dozent für Psychotherapie/Psychoanalyse und Coach. Er berät Kliniken, Beratungsstellen, Schulen und Lehrer. An der Pädagogischen Fakultät der Universität Innsbruck hat er einen Lehrauftrag zum Thema „Beziehungskompetenz im Lehrberuf".

Dr. Gerhard Vilmar
www.gerhard-vilmar.de
post@gerhard-vilmar.de
Tel. 0049-8036-305381

Bisher erschienen vom Autor die folgenden Bücher:
Der Mental-Coach (2008)
Der Paar-Coach (2009)
Beziehungsschule (2011) – Schule u. Beziehungskompetenz

In Vorbereitung ist „Der Notfallkoffer - schnelle Hilfen in psychischen Belastungssituationen".

Der vollständige Erlös aller Bücher des Autors geht an den gemeinnützigen Verein **Sascha e.V.**, der Hilfsprojekte für Waisenkinder und mittellose Familien in Liberia, Kenia und Sri Lanka unterhält. Näheres unter www.sascha-ev.de